Aboubakar G.

Les traîtres de la nation Camerounaise

Aboubakar G.

Les traîtres de la nation Camerounaise

Le deuil de l'hymne national

Éditions Muse

Imprint

Cover image: www.ingimage.com

Publisher:
Éditions Muse
is a trademark of
Dodo Books Indian Ocean Ltd., member of the OmniScriptum S.R.L Publishing group
str. A.Russo 15, of. 61, Chisinau-2068, Republic of Moldova Europe
Printed at: see last page
ISBN: 978-620-3-86437-3

Les traîtres de la nation camerounaise

Aboubacar G.

La réalité est l'âme de cet ouvrage

À l'Afrique en miniature

Un poète est comme un sismographe où l'on
Peut entendre les grondements de la société

Les traîtres de la nation camerounaise

30 millions de couteaux dans

le dos des ancêtres

Le deuil de l'hymne national

Des cadavres poignardés :

René Jam Afane, Samuel Minkyo Bamba, Bernard Falon

Dans sa mission divine au sein d'une société malade,

Un poète diagnostique et prescrit.

Table des matières

Prologue

Ô Cameroun , berceau de nos ancêtres

Quant-à te courroucer, ô Mon âme s'oppose!
Le berceau de nos ancêtres, c'est cette terre
Qu'on se doit de protéger et non de trainer à terre
C'est dans ce seul et l'unique endroit où git l'âme
De notre nation toute entière. On te doit la protection
Tu es un gisement de malheurs quand tu es en larme
Quand certaines actions te font la section
Mettant dans des violentes turbulences les ancêtres
Que tu portes dans tes bras qu'ils découpent
Sans aucun état d'âme tes inconscients traîtres.
Lorque les tombeaux grondent
Et quand on fait souffrir cruellement ses ascendants
Et que l'on voit à la manœuvre ses propres descendants
Cela fait froid au dos. Quel coup de poignard dans le dos
De ses seuls grands-parents ! Finir de te descendre
Et aller s'affesser tels des lapidés sur des os
De remords mordants des morts parties en cendre.
Sous l'orage, sous la tempête, sous la pluie glaçante
Se mettre à détruire soi-même sa propre maison

Que les mains sanglantes de l'histoire ont construite

Et aller prendre refuge dans la prison

Du paradis de la nature brute.

Assécher la seule source où on s'abreuve

Et aller à la conquête de l'oisis dans les déserts

Ah, les ancêtres, le chamboulement des tombeaux!

Les âmes paisibles qu'on arrache dans les bras

De Morphée. Le berceau tranquille que les bourreaux

Promènent sur le long de la ceinture de feu du pacifique

Ah, les grands-parents se plaignent de cette action sadique !

Le berceau, c'est ce grand bien que la nature a offerte

Gracieusement et qui fut dans les mains des envahisseurs.

Du sang des humains, des âmes qu'on trouble

Se sont sacrifiés, allés à l'encontre de l'orage, des balles

Pour récupérer cette terre qu'on traîne à terre.

Ils méritent d'être perpétuellement en paix

Pour quelle raison leur faire encore la guerre ?

Ah, le berceau, cet héritage qui n'a pas de prix

Des vies qui se sont sacrifiées Pour pouvoir te récupérer

Des mains des barbares. Ah, les tiens veulent te tuer!

Le berceau qu'on baise les lèvres poignardant le dos;

Le berceau dont on bat les jambes logées sous des os

Fragiles de l'histoire.

Va debout et jaloux de ta liberté

Quand on t'enchaîne et te met à genoux, ô je suis paralysé !

Ah, le berceau qui allait debout comme un joli bijou
Et qu'on a mis à genoux sans état d'âme tel un Hibou!
Les racines d'arbres qui mangent des feuilles vives
Les feuilles d'arbres qui mangent des racines vives
Et l'astre brûlant qui arrive sur les racines mortes
Et l'astre brûlant qui arrive sur les feuilles mortes
Et qui l'assèche. Et l'eau qui fuit vers le fonds
Du sous-sol. Et quand arrivera la saison pluvieuse
Pour redonner vie à l'arbre malade ?
Et quand le feu de brousse atteindra l'arbre
Aux racines intérieurement asséchées?
Et quand le feu de brousse atteindra l'arbre
Aux feuilles intérieurement asséchées?
Racines qui grimpent des couches
Solides et qui exposent leurs dos aux rayons.
Quand tes descendants décident de te descendre
Tes bras qu'on coupe et qui portent les grands
Parents. Des longues machettes pour te rendre
Manchot se liment sur le dos des combattants morts.
Des crépitements qui poursuivent des paisibles

Sommeils. Des réveillés brusques qui mordent le bruit
Des balles sur des larges toits funèbres
Le cœur durement asséché qu'on congédie au désert
L'oisis sec qui exile des troupeaux assoiffés sur des
montagnes volcaniques. Des Bergers étrangers
Qui laissent tomber leurs allumettes dans des
brousses sèches et préparent l'arriver des troupeaux
Affamés. Des barrages qu'on veut
Construire au centre du désert
Des dames endormies qu'on couche sur
Des lits suspendus sous l'harmattan. Cachés sous
Des planchers, des rongeurs qui font dégâts sur
Des bois caducs. Des enfants aux crânes fragiles
Somnolent aux pieds des murs fissurés,
Sous des toits que les rongeurs rongent
Des longs couteaux qui traversent ces murs
fissurés et atteignent des poussins innocents.
Les machettes tranchantes qui tranchent
Les jambes du marcheur allant debout.
Les Caterpillars qui se garent sur les larges
De la voie. Des routes qui prennent des vernis
Rouges. La voix des usagers qui se fouettent
Sur des goudrons rongeurs, et se glissent
Sur des géantes pentes sépulcrales.

Les chasseurs qui tuent des animaux humains
Les branches qui détournent les aliments destinés
Aux feuilles affamées. Les feuilles
Qui jaunissent sous des rayons brûlants du soleil;
Ces rayons qui arrivent sur des feuillages par balles;
Des balles qui les plongent dans l'éternel sommeil.
La liberté qui s'évanouit sur les jambes qu'on coupe
Le berceau dont on donne le cou à la code raide
Et qu'on se met en arrière pour tirer jusqu'à l'abîme
L'abîme, c'est le magma de larve dans lequel on pousse
Le marcheur bancale qui ne venait que de se relever,
De se relever de son lit infernal où il fut enchaîné,
Assujetti, pris dans les mailles impérialistes. Renvoyer
A son état plus que initial, nouvellement cloué
Au sol sous les manœuvres des siennes
Les balles qui ricochent sur des corps
Morts. Ce bancale marcheur qu'on mâche
Et resserre entre les mailles broyantes
Des mâchoires pointues des crocodiles.
Ce marcheur debout qu'on bouillonne
Et qu'on bouille dans cette guerrière bouilloire.
Des jeunes gens sans aucune histoire
Que des machettes mâchantes mâchent,
Que des balles baladeuses ballent
En altitude et qui descendent sous des pluies

Rouges, tombant dans le fond de tombes.

Le silence, ce sanguinaire qui scie

Et asphyxie des vies comme un vampire.

Le silence, ce gigantesque fabricant

Des armes du mal qui distribue partout

À son passage, à ces serpents qui tuent

Des viandes immangeables tels des braconniers.

Un-va-debout dont on coupe les jambes,

Qu'on paralyse et qu'on empoisonne.

Le libre qu'on livre aux chaînes immobiles.

Le libre, c'est ce marcheur qu'on empêche

Par mille manières d'aller en avant, d'avancer,

Le rendre immobile voire l'asphyxier.

Des papillons qui mangent des chenilles,

Des nymphes qui mangent des chenilles

Des chenilles qui mangent des néoténiques.

Le va-debout qu'on vend sur le marché des guerriers.

Comme un soleil ton drapeau fier doit être

Quand on froisse le visage rayonnant d'une grande valeur

Et qu'on balance dans une boule de nuit noire

Le drapeau, c'est ce symbole qu'on brûle

Ce symbole qu'on donne aux ciseaux

Sous la caméra mondiale

Ces ciseaux qui le donnent aux lambeaux.

Le drapeau, c'est cet héritage à quoi on doit

Tout le respect. C'est lui qui nous distingue

En tant qu'un peuple souverain parmi tant

D'autres. Il est notre principal identifiant de

Par son caractère unique. C'est une liberté,

Un pouvoir. Si on le perd, ce qu'on a tout

Perdu. Et quand ce symbole est dévalorisé,

Tout un peuple sans aucune valeur.

Et quant-à ceux qui dansent quand cette valeur

Tout tricolore s'élève, des dévalorisants.

Cette lumière qu'on donne aux ténèbres,

Les ténèbres qui trempent ce brillant tricolore

Dans une fierté mécontente.

Un tricolore que les guerres,

L'injustice, la corruption décorent.

Un symbole ardent de foi et d'unité

Ô! le symbole ! Lorsqu'on t'asymbolise,

Ta foi tombe dans l'effroi et ton unité se brise

Le symbole, c'est ce signe qu'on assymbolise,

Ce signe dont on ôte son caractère symbolique!

Ce signe, cette valeur qu'on détruise !

Ce signe linguistique, cette valeur historique

Qu'on piétine sa foi et son unité.

Cette foi, cette confiance qui s'évanouit

Entre les mains sanglantes de ceux qui tuent

Par le verbe, par les armes, par la face

Tranchante et pointue de la justice inverse.

Alors qu'on se doit de garder la foi en toi quelques

Soient les évènements qui surviennent,

Quelque soit l'ampleur de nos déceptions,

De nos frustrations, de notre profond regret.

Cette foi, cette confiance qui meurt entre

Les mains de ceux qui s'envolent avec les derniers

Publics. Ces biens publics qui appartient

Au peuple et non à quelques personnes.

Cette foi qui se foire dans cette bouilloire détourneuse.

Cette foi qui ne doit aucune relation avec cette
Action étrangère. Les honteuses actions
Des autres ne doivent entacher notre foi et unité.
L'unité, cette force de vie qui harmonise nos actions.
L'unité, ce lien plus qu'ombilical qui fait notre fierté
D'être les descendants de ces vaillants ancêtres
Qui mouruent dans les pires champs de plantation,
De bataille. Ceux qui se sont sacrifiés
Pour récupérer cette terre qui fait notre nation.
Mais l'unité exige le partage, le manger ensemble,
L'égalité de chance, une justice équitable
Pour tous et non le contraire.
L'unité veut dire qu'on ne doit pas agresser
Voler l'autre à moins l'envoyer au cimetière.
L'unité, ce qui doit naturellement nous pousser
Au vivre ensemble, à l'assistance de l'autre.
L'unité est allergique au favoritisme, à la mythomanie.
L'unité est une indivisibilité. Descendants d'un être
Unique, une famille qui se doit de vivre en harmonie.
Mais vivre en harmonie de manière pratique
Et non théorique. Quelle harmonie quand cette
foudroyante famine affame des familles?
Au-delà de tout, l'unité doit être préservée de toutes
Les façons en invitant chacun à la nourrit de sa plus

Belle, honnête et juste manière. La plus

Efficace méthode de préserver notre unité, c'est l'action

De cultiver l'esprit de partage, d'indulgence,

D'honnêteté, d'humilité et surtout l'acceptation

De l'autre. On doit abandonner cette mésintelligence

Qui brise cette unité. On est une nation.

Ce tricolore, cette foi, cette unité.

Ô, La forêt dense du sud!

Ô, L'astre brillant du Nord!

Du sang de nos braves ancêtres tombés

Dans les sanglantes luttes pour notre liberté,

Notre indépendance, pour cette nation.

Même le mathématicien Fourier

Le sait, on est un nombre premier.

Le symbole, c'est ce signe qui traduit cette sacrée unité.

Que tous tes enfants du nord au sud, de l'est à l'ouest soient tout amour

Quand l'égocentrisme égorge sans vergogne l'amour!

Quand la haine persécute et exécute
L'amour. Cet amour qui meurt entre
Les mains rouges de la haine et qui s'étend
Du septentrion jusqu'au Sud,
Du levant jusqu'au couchant.
La haine, c'est ce vampire qui vend
Du pire. Cet empire du pire qui mord
Le sentiment du bien, ce sentiment
De bien pour l'autre, pour son compatriote.
Du nord au sud, de l'est à l'ouest, un véritable
Réseau de la répugnance qui s'établit
Sur le dos osseux de la mémoire ancestrale.
Mais l'amour s'en va pleurant, mordant
L'ouragan que son pourfendeur amène.
L'amour, c'est cette source où s'abreuve
La vie, cette boule d'oxygène,
Cette ampoule brillante qui éclaire
Ces voyageurs en attente de leur train arrivant.
Ce sentiment de bonheur qui donne goût à la vie

En société, en nation. Mais où vas-tu mon oxygène
Laissant ce carbone toxique qui s'enracine ?
Comment chasser la vie et accueillir la mort?
Ô, vampire, qui vivra avec toi ?
Ah, je vois que tu te fais pas mal d'amis, tu es en haut !
Mais je sais que tu n'aimes point toi
L'amour, le partage, l'acceptation de l'autre.
Toi l'assassin, où as-tu jeté la dépouille
De la paix et de l'amour, je vais les ressusciter?
Je ne vais pas te laisser prospérer,
Tu dois rentrer là où les ancêtres t'avaient enterré.
Mais dis-moi, qui t'a amené jusqu'ici génocidaire ?
La politique ? Le pouvoir ? La jalousie ? La fortuité?
La frustration ? L'injustice ? L'égocentrisme ?
Le va-debout, toi qui vient de loin avec les jambes
Bancales, tourne-toi et tu verras tes enfants
Derrière-toi, te poursuivant avec des longues machettes
Pointues, tu verras tes protégés sur ton cou coupant.
La haine, ce distributeur agréé du poison
Qui emprunte l'autoroute sociale de Marc Zuckerberg.
Ô, la haine ! Toi qui cache sous ton blouson
Les germes acides du génocide, de la destruction.
Ô, amour, toi qui fais la vie, toi qui nourris les cœurs
Meurtris, toi qui génère du bonheur sans discrimination;

Toi qui essuie les visages mouillés, des faces
Fondant en chaudes larmes.
Et quant-à toi, la haine, toi qui amène
Orage et ouragan, toi qui fais des cercueils;
Toi qui arrive du Rwanda avec ta valise.
Je te connais, assassin, tu vas commencer
Par assassiner tes hôtes et tes hôtesses.
Où vas-tu dans cet endroit, qui va t'accueillir ?
Toi qui sépare les enfants des mêmes familles,
Toi qui donne la mort aux vies.
Que fais-je de tes germes poussant au Nord ?
Que dis-je de tes germes poussant au Sud ?
Que fais-je de tes germes poussant à l'Est ?
Que dis-je de tes germes poussant à l'ouest ?
Tu te fais déjà des amis partout,
Tu fais souffrir tous ceux qui te suivent ;
Toi qui coupe les ponts aux passagers.
Toi sentiment d'aversion,
Toi qui pousse à mépriser des personnes;
Toi sentiment de répulsion,
Toi qui pousse à rejeter un groupe de personnes.
Sentiment de mépris, toi qui fais des hommes
Des objets, toi qui défenestre des gens,
Toi qui chasse et détruis les biens des débrouillards,

Toi, le grand architecte des canisoles
Ô, l'impitoyable, toi qui tue l'amour et la justice
Toi qui piétine la paix, toi qui distribue
Les armes et qu'on tire sur des âmes. Ton compère,
Et ton compère, celui avec qui tu opère.
Quand tu opposes des groupes d'ethnie,
Il te prête allégeance, vous agissez en concert.
Lui qui incarne l'orgueil, l'arrogance. Acolytes
De même mère, ô, tribalisme!
Ô, tribalisme, tu est un terrorisme.
Toi qui érige ta personne en suprématie;
Toi qui regarde les autres d'un œil sarcastique,
Toi qui traite les autres d'une manière sadique.
Avec ton complice, vous humiliez des hommes,
Vous injuriez, vous offensez des hommes.
Que faites-vous sur mon sole?
Ah, je vois, Vous vous êtes créé pas mal d'élèves
Et Chez les politiques, et chez les civils,
Et Chez les hommes de Dieu, et chez les garants
De la tradition, et chez les hommes de sciences,
Et Chez les jeunes, et chez les vieillards
Et chez les justiciers et chez les gouvernants,
Et chez les gouvernés voire sur toute l'étendue
Nationale. Vous rendez la vie amère !

Où est l'amour quand une même

Famille se déchire au non de l'inutile ?

Où est l'amour quand on refuse

De donner à boire à son voisin

A l'enfant de l'autre ?

Où est cet amour quand on ne

Regarde que son ombril ?

Où est cet amour quand les enfants

Des mêmes ancêtres s'entretuent ?

Où est cet amour quand on préfère

L'étranger au détriment de son compatriote ?

Où est cet amour quand on trahit ses pères?

Où est cet amour quand on mène des guerres ?

Ah, le progrès technologique qui fait régresser l'amour !

Ah, l'amour avec des couteaux numériques dans le dos!

Te servir que ce soit leur seul but

Ô, tes grands serviteurs, des grands services !

Quand ils servent plutôt leurs intérêts,

Quand ils nourrissent plutôt leurs intérêts égoïstes

Et égocentriques brandissant ton nom devant.

Quand ils chantent ton nom partout et te livrent

À la guerre, à la misère, à la haine et au tribalisme.

Te Servir, c'est être ton esclave, c'est être utile

A toi, travailler pour que tu sois en bon état,

Que tu sois en bonne et due forme,

Que tu sois en paix, dans le bonheur.

Te servir, c'est de travailler pour ton bon fonctionnement,

Pour ton bien-être, ta prospérité et non pour ton malheur.

Te servir que ce soit notre seul but, c'est de ne servir

Que toi, de ne servir que toi berceau de nos ancêtres.

Ces traîtres ne sont pas à ton service.

Ces haineux ne sont pas à ton service.

Ces corrompus et corrupteurs ne sont pas à ton service.

Ceux qui te font la guerre ne sont pas à ton service.

Ces détourneurs ne sont pas à ton service.

Ces vendeurs de drogues ne sont pas à ton service

Ces indécents et pervers ne sont pas à ton service
Ces arnaqueurs, braqueurs et voleurs non plus
Ces injustes, troubleurs, agresseurs et offenseurs,
Ces bandits de grand chemin, menteurs, impolis,
Et ces vandalistes, terroristes ne sont pas à ton service
C'est toujours pour te servir qu'ils veulent
Te voir à feu et à sang?
Ô, berceau de nos ancêtres, tes traîtres !
Quand le service rendu est louable
Quand il est louable, il est aimable.
Mais le service rendu est plutôt exécrable,
Un service exécrable, c'est cette abominable
Guerre dans laquelle on t'a plongé,
Ce chaos où on t'a envoyé laisser tes os.
Tes siens avec leurs armes, tirent sur ton dos.
Peut-être leur manière de te servir,
Ils t'envoient encore à la corde croupir;
Croupir sur cette raide corde en fer.
Ils t'ont livré yeux bandés à l'enfer.
Au lieu de lutter pour ton bien-être,
On lutte plutôt pour ton mal-être.
Toi qu'on sert en journée et poignarde de nuit,
Toi dont on découpe les pauvres jambes.
Ces serviteurs sont tes bourreaux,
Ces bourreaux ne sont pas tes serviteurs.

Tes bourreaux, ceux qui te minent par mille fléaux,
Et te traînent par terre comme ces étrangers
De la pire époque coloniale. Ceux qui t'avaient
Assujetti, enchaîné, étranglé et enterré.
Nos martyrs ancêtres, tes vaillants serviteurs,
Ceux qui ont donné leurs minables vies pour
Toi, pour te sortir de la prison occidentale, pour
Te redonner la liberté, le goût de la vie.
Berceau de nos ancêtres, toi qui porte,
Dans tes bras qui rougissent ces vaillants
Serviteurs que l'étranger esclavagisait,
Bastonnait, enchaînait et exécutait sans
Pitié. Malgré cela, ils t'ont rendu des services
Dignes et louables. Toi qui meurs
Sous la corde rouge que tirent le Nord,
Le Sud, l'Est et l'ouest. Tu es au bord
Du gouffre. Tes serviteurs te tirent plutôt
Vers le fonds de cette abîme.
Tes soi-disant serviteurs t'appellent
Orage et ouragan, pluie et tempête,
Couteaux et machettes, chars et rafales;
Mines et kamikazes, bombes et tombes,
Hôpitaux et morgues, cercueils et cimetières.
Entre te servir et servir leurs intérêts
Personnels, ils ont choisi leurs ventres,

Comme ces malfaiteurs, affamés de l'époque rouge.

Ceux qui pliaient nos richesses et infligeaient

Des lourdes peines à ces vaillants ancêtres que

Tu portes dans tes bras qu'ils mouillent

Avec du vernis Rouge. Tu es victime

D'une hémorragie interne, une hémorragie cancérigène.

Mais tu es soumis aux médicaments corrompus

Depuis le laboratoire avec des microbes externes.

Pour remplir leur devoir toujours

Quand un devoir est toujours accompli, ô! Mes bras, j'aclame pas!

Ah, Le fameux accomplissement du devoir!
Quand un devoir est toujours accompli,
Quand chacun se préoccupe d'accomplir;
Son devoir, et on voit un Va-debout accroupi.
Quel paradoxe paradoxal ! Quel manquement !
Le devoir, Ce à quoi on est obligé
Par la raison, par la morale,
par la loi, par sa condition,
Par la bienséance. L'obligation
D'accomplir une tâche.
Ceux qui se sont déchargés de leurs propres
Devoirs citoyens, ceux qui tuent le va-debout.
Dussent-ils accompli leurs fameux devoirs :
Et les Guerres amenée avec succès,
Et la pauvreté et la misère créées,
Et les germes de la haine et du tribalisme
Plantées et engraissées. Et la jalousie
Gratuite nourrie, et la corruption,
Et Le vol, et le détournement massif
Développés et poussée. La corruption
À son stade paroxysmique. La soif
De vol instance chez tes enfants va-debout.

Quel devoir accompli et qu'on accomplit ?

Des vies qu'on fracasse et qu'on froisse,

Des vies qu'on chasse et qu'on pourchasse,

Des vies qu'on malmène,

Des vies qu'on brise

Des coeurs pétrifiés!

La nation qu'on liquide aux étrangers,

Ceux qui contournent les impôts,

Ceux qui détournent les impôts.

Ceux qui commettent l'injustice,

Ceux qui commettent le préjudice.

Ceux qui violent les lois,

Ceux qui violent les femmes.

Ceux qui facturent les factures,

Ceux qui méprisent les vieillards

Ceux qui méprisent les jeunes.

Qu'ils accomplissent toujours leurs devoirs ?

Ceux qui prônent la médiocrité,

Ceux qui bafouent la dignité.

Et les tricheurs, et les agresseurs,

Et les usurpateurs et les arnaqueurs;

Et les voleurs, et les Violateurs.

Quels devoirs louables!

Quels devoirs diables!

Tous jouent contre toi-même,
Tous t'enfoncent le couteau dans ton dos
Leurs devoirs étaient de te
Maintenir en paix, et je vois que tu es
Plutôt en guerre. Quelle trahison ?
Ils étaient censés, toi qui venais à peine
De te relever, te maintenir debout,
Mais je vois que tu es plutôt
Sur tes genoux. Chacun de tes enfants
Devait travailler pour te rendre prospère,
Ils t'ont tous livré à toi-même.
Mais, quel devoir peut-on accomplir
Avec de la haine, la frustration, la jalousie !
Avec de l'orgueil et de l'arrogance!
Avec de l'égocentrisme et le tribalisme !
Haïr, offenser, détruire, jalouser, frustrer,
Dénigrer, tuer, agresser, violer, violenter, voler;
Corrompre, mentir, critiquer, détourner, favoriser;
Accuser, canisoler, emprisonner;
Troubler, bavarder, tricher, fumer, diffamer;
Se venger, se lamenter, se vanter, se trahir;
Confisquer, offusquer, abuser, appauvrir;
Nuire, horrifier, terroriser, braquer, délinquer;
Menacer, rejeter, manipuler, médire et glandouiller :

Voilà les devoirs de tes enfants, quelle méchéance!

Les devoirs qu'ils ont choisis de remplir,

Les devoirs dignes des traîtres, quelle mésintelligence !

Et si chacun remplissait son devoir,

Tu serais en haut va-debout, tu serais un jardin de vie,

Un jardin de vie où il fait bon vivre.

Et ceux qui refusent de s'acquitter de leur obligation

Chaque citoyen a un devoir à remplir.

Chère patrie, terre chérie

Ô, mon Dieu, quand on fait du mal,

Quand on fait du mal à ce qu'on prétend

Aimer, je perds mon âme, cela fait mal,

Cela fait Extrêmement et Cruellement mal!

Chère patrie

Terre de nos ancêtres, la nation

Dont on fait partie, notre tout.

Chère patrie, cette nation

Qu'on aime tendrement

Cette terre à quoi on accorde une grande

Importance. Une très grande

Estimation. Ce à quoi on est prêt à mourir,

A donner sa vie comme nos ancêtres l'ont fait.

Mais, nous vivons plutôt le contraire

Sinon comment vendre ce qu'on aime?

Et à vil prix, comment déstabiliser sa terre

Chérie ? Comment brûler ce qu'on adore ?

Ah, quand les actes font hypocrisie,

Quand on dénigre sa propre patrie,

Mes bras m'en tombent.

Comment plonger sa patrie dans la misère ?

C'est de l'amour ou quoi concrètement ?

Comment détruire sa propre patrie qu'on prétend

Aimer, qu'on se dit chérir?

Mais c'est nettement au-delà du raisonnable.

La chère patrie qu'on fait périr,

Mais c'est sémantiquement incompréhensible.

Terre chérie

Terre où git l'âme de notre nation

Où dorment nos grands parents

Cette terre chérie qu'on malmène

Cette terre chérie qu'on traîne à terre.

Comment distinguer haïr d'aimer,

Mensonge de la vérité,

Hypocrisie de sincérité?

Où est cet amour qu'on doit à sa patrie ?

Où est donc ce patriotisme?

Ceux qui substituent patriotisme par égoïsme,

Puis par tribalisme et terrorisme. Où sont

donc ces Soi-disant patriotes?

Où est l'amour pour sa patrie in le détournement ?

Où est l'amour pour le berceau des ancêtres

Dans l'injustice, la corruption?

Où est cet amour dans la haine et le tribalisme?

Où est cet amour dans le vandalisme,

Dans la tricherie, dans la guerre
Dans la destruction ?
Où est cet amour quand on bafoue
les emblèmes de la nation
Quand on blanchit l'argent
Du pauvre contribuable ?
Où est cet amour quand on donne
Sa nation aux fusils et aux machettes ?
Où est cet amour quand on favorise une partie
Et laisse crever l'autre? Où est cet amour
Quand les uns s'en prennent aux autres ?
Où est cet amour pour sa patrie
Quand on la rend invivable pour
Ses propres sœurs et frères ?
Quand on veut à tout prix l'émietter?
Où est cet amour quand on donne sa terre chérie,
Au sang et au feu, au vampire et au pire ?
Où est cet amour quand on peint tout en noir,
Quand on critique tout, quand on dénigre tout,
Quand on insulte tout, quand on médit tout?
Où est cet amour dans le rejet de l'autre ?
Où est cet amour quand on brise l'unité nationale,
Quand on brise l'intégration nationale?
Où est cet amour pour sa patrie dans

La méchanceté, la malhonnêteté et la cruauté
En vers ses compatriotes?
Où est cet amour quand on brûle le drapeau ?
Où est cet amour pour le berceau
De nos ancêtres, pour nos grands parents ?
Où est finalement le sens du patriotisme
Où est cet amour pour sa patrie quand on est coercé
De quitter sa patrie, d'abandonner sa terre natale ?
Où est cet amour quand on casse les représentations
Diplomatiques? Ah, les grands patriotes du sabotage!
Où est cet amour quand les innocents
Boivent du noir dans des canisoles?
Où est le patriotisme quand on agresse, viole et tue
De mille manières Ses compatriotes?
Où est cet amour quand on refuse de pardonner,
D'être indulgent, tolérant, philanthrope envers
Ses compatriotes ? Comment aimer
Sa terre natale et abuser de son pouvoir,
D'arracher le terrain d'autrui, ses biens immobiliers,
Son argent, sa famille et briser son avenir ?
La patrie est très chère, elle n'a pas de prix,
On se doit de la protéger, de la maintenir en paix.
Comment souhaiter le mal au berceau de ses
Ancêtres, à sa terre chérie, à sa terre natale ?

Comment se proclamer patriote

Et empêcher l'essor de sa propre patrie?

Ceux qui excitent à la haine, au tribalisme,

Ceux qui prônent la médiocrité, l'égocentrisme.

Ceux qui brillent par le mauvais exemple.

Il faut encore questionner son soi-disant

Patriotisme lorsqu'on encourage

Les violences dans sa propre patrie

Cette patrie qu'on se réjouit de voir en partie.

Où es l'amour pour sa patrie lorsqu'on appelle

À son assiègement, à sa déstabilisation ?

Quel patriotisme dans la torture ?

Quel patriotisme quand on fais souffrir les autres ?

Quel patriotisme quand on enlise sa patrie

Dans le chaos, dans les guerres ?

Tu es notre seul et vrai bonheur

Ô, terre chérie, tu a été toujours

Notre seul et vrai bonheur!

Ô, Chère patrie, tu a été toujours

Notre seul endroit de recueillement,

Notre refuge depuis l'époque de nos

Vaillants ancêtres, où on est satisfait

Seule source de Bonheur où on est heureux.

Mais depuis, tes enfants t'ont transformé

En une source de malheur,

Tes propres enfants, du nord à l'ouest,

Tes propres fils du Sud à l'Est,

Ont fait de toi un gisement des funèbres

Événements, une succession des macabres

Scènes qui se déroulent chaque jour.

Viennent se greffer la fureur

Et la colère des cieux et des ancêtres

Dont le sommeil a été troublé :

Des chemins, des chemins de fer

Qui ouvrent aux passagers, sa porte d'enfer;

Des routes qui boivent du sang frais;

Des brigands qui brisent des vies;

La misère et la disette qui font la guerre

Aux affamés que la famine traîne à terre.
Des assassins qui assassinent des enfants,
Des femmes, des hommes, des jeunes gens
Des vieillards sans pitié. Le terrorisme,
Les terroristes qui sèment la terreur. L'horreur,
Des horribles hordes des ravisseurs sans coeur
Qui entretiennent le réseau de kidnapping, de viole.
Des violeurs qui violent des femmes,
Des adolescentes pauvres puis les assujettissent.
Des cadavres chauds qui arrivent en morceaux
Dans des morgues surchargées,
Et qui prennent la direction des tombeaux.
Des corps des jeunes vieillards décapités
En lambeaux et attachés par des foulards
Rouges, écorchés et couchés dans des corbillards
Funèbres. Des personnes vivantes qu'on enterre
Vif. Des enfants innocents qu'on incendie.
Des jeunes enfants innocents qu'on décapite.
Ô, seul et vrai bonheur pourquoi cet enchaînement
De malheurs, des évènements lugubres,
Des scènes de violence, de crime ?
Partout. Des guerres inutiles qui perdurent.
Tous tes enfants ont contribué à ta descente
Aux enfers, chacun à sa part de responsabilité.

Et cette inutilité, chaque matin, jette

Des orphelins sans destin dans la rue;

Des jeunes filles qu'elle viole et engrosse,

Des femmes qu'elle viole et engrosse.

Ces malheureuses victimes qui donnent

Naissance aux enfants de la rue à l'avenir obscur.

Des milliers de déplacés qu'elle engendre

Des habitations, des ponts qu'elle détruit,

Des plateaux du savoir qu'elle fait suspendre.

Bonheur à l'aurore malheur au crépuscule.

Des veufs et veuves qu'elle fabrique,

Des malheureuses mamanges qu'elle laisse

Derrière son regrettable passage

Notre joie et notre vie

Quand on change la joie en mille tristesses,

Quand on change la vie en des milliers de morts

Ah, je crie à la trahison, à l'hypocrisie et à la cruauté.

Tu nous a toujours procuré de la joie

De la joie de vivre, de la joie d'être

Né dans tes bras doux et tendres.

Tu nous a donné la vie mais nous

Avons plutôt choisi te donner la mort,

Te rendre tristement célèbre.

Je te vois tout triste, fondu dans l'acide

De chagrin, de regret. C'est notre œuvre,

C'est nous tes enfants à la manœuvre.

Tu nous donnes la joie et nous te donnons

En retour la tristesse, un profond regret,

Tu nous donnes la vie et en retour, nous te donnons

Plutôt la mort. Oui tes enfants veulent ta mort

Lorsqu'ils sèment la terreur et l'horreur,

Lorsqu'ils font la promotion de la haine

Dont le seul gain ne sera que le génocide,

Lorsqu'ils s'entretuent et tuent tes nobles

Enfants. Ils veulent ta mort quand ils

Trichent, volent, violentent et détournent,

Ils t'appauvrissent, te canisolent et t'enterrent.

Où est la joie quand des séries de tristesses

S'enchainent et se multiplient ?

Quand certains de tes propres enfants

Rendent des vies amères aux autres ?

Où est la joie quand des familles fondent

En larmes, quand elles sont condamnées

A vivre entre les fusils fumants ?

Des vies déchirées et fracassées,

Des corps froissés et concassés.

Des familles jetées à la rue.

Des terroristes d'une autre espèce

Qui écrasent des vies comme des pistaches.

Des hors la loi sans foi. Des vies qu'on rende

Difficile. Des familles sans toit, balancées

Et livrées à elles-mêmes.

Ceux que les matricules matraquent!

Ceux que les étrangers étranglent !

Ceux que l'inconscient donne aux fusils

La joie

La joie, C'est l'absence de la tristesse, des pleurs;

C'est l'absence de peur, de stress et d'horreurs.

La vie

La vie, c'est l'absence de la mort, de la haine ;

C'est lorsqu'il y a partage, amour, bonheur.

Quelle vie dans les guerres, dans le rejet de l'autre ?

Un seul individu ne peut faire une société.

Quelle joie quand on passe son temps à offenser

Les autres, à injurier, quelle méchanceté ?

Quelle vie quand on passe son temps à semer

La terreur, l'horreur et la peur ?

Ceux qui se réjouissent du malheur des autres.

Quelle vie dans le harcèlement ?

Quelle joie quand les autres pleurent à chaudes

Larmes errant dans des quartiers échoués?

Il n y a quelle vie quand la misère frappe des familles

Sinistrées? Il n y a vie lorsqu'il y a survie.

Quelle vie, quelle joie lorsqu'il n'y a pas d'ouverture ?

Pas d'ouverture, pas de couverture.

Quelle vie quand des compatriotes sont chassés

Et pourchassés, emprisonnés et exilés?

Quelle vie quand certains proclament la mort des autres ?

Il y a vie lorsque les conditions nécessaires

Sont réunies. Quelle vie dans la souffrance,

Dans la famine, dans les maladies ?

Quelle joie quand les uns traitent les autres

De tous les noms? La vie, c'est lorsqu'on respecte

Notre dignité, notre vie privée et non les bafouer.

Des vies qu'on déchire avec le couteau de Zuckerberg,

La diffamation, la médisance et la sorcellerie.

Quand la tristesse tue

la joie, Ah, meurt la vie !

La joie qu'on jette dans les bras

Glaçants de la tristesse

Et de la détresse

Des vies qu'on enfouit

Dans des cercueils funèbres

La vie qu'on donne à la mort

Des évènements macabres

Qui se succèdent. La mort

Qui dévore des vies innocentes

Quand des scènes lugubres

Et saugrenues s'organisent

Des familles qui voguent dans

Des vagues de pleurs et d'horreurs

Des enfants que l'inutile

Donne aux abandons

Ceux que la soifamine

fouette sur les goudrons

Des enfants qu'on confie

À la malnutrition et à la perdition

Ceux que la misère balance

À la suppression

Des nombreuses vies

Froissées et fracassées

Des civils, et des non civils décapités

Des coeurs écoeurés

Remplis des rancoeurs

Des multiples vies rendues amères

Des rudes moments de pleurs

Et Ceux qui fuient la mort par les mers

Des familles qui traversent

Des moments infernaux et sombres,

Bastonnées et fouettées

Par des scènes macabres.

Les brutes douleurs des mères

Que leurs nourrissons meurent.

Ô, l'inutile, des péripatéticiennes

Prématurées que tu fabriques,

Des enfants que tu offres

À la rude rue raide et ruminante,

Sous des pluies caillouteuses,

Sous des pluies pointues et aiguës,

Sous un froid à la mer glaciale,

Dans une soif sahélienne,

Dans une famine foudroyante,

Qui leur font toutes les guerres..

A *toi l'amour et le grand honneur*

Ô, berceau de nos ancêtres

Ils t'ont donné, nos ancêtres,

L'amour et l'honneur que tu mérites.

Ils t'ont aimé et honoré durant toutes

leurs Vies. Ils t'ont hissé plus haut

Mais nous sommes venus te mettre

Plus bas. L'amour, c'est ce sentiment

De bien, d'affection que nous te devons.

L'honneur, c'est ce sentiment

De noblesse et de dignité morale,

Qui inspire le total respect.

Mais quand l'amour succombe

Aux blessures de la haine, de l'hypocrisie,

De l'injustice, du mensonge et des balles.

Lorsque l'amour est réduit à l'expression

Matérialiste, égoïste et égocentrique.

Quand l'insincérité, l'hypocrisie sont saupoudrées

Par un amour mirobolant qui cherche des victimes.

Alors que le saupoudrage est un enfumage.

Quand l'hypocrisie, la cruauté font maquillage,

Se décapent pour donner l'image inexistante de l'amour.

Quand le préfixe privatif se greffe sur le radical honneur,

Et le transforme en déshonneur au moment

Où tes enfants tes font la guerre.

Où est l'honneur dans la guerre fratricide ?

Où est l'honneur dans les détournements massifs?

Où est l'honneur dans la casse des ambassades ?

Où est l'honneur quand on brûle le tricolore ?

Où est l'honneur quand on triche et fraude?

Où est l'honneur quand on s'insulte sur

Le plateau de Zuckerberg ?

Où est l'honneur quand on commet l'injustice ?

Où est l'honneur quand on plonge sa terre natale

Dans la misère, et dans la guerre ?

Où est l'honneur quand on manque de l'eau potable ?

Où est l'honneur quand on dénigre sa patrie ?

Où est l'honneur quand on pratique la corruption ?

Où est l'honneur quand on cherche la déstabilisation

De sa nation ? Où est cet honneur quand on monte

Les uns contre les autres? Où est l'amour quand on donne

Sa nation aux armes, quand on l'envoie au suicide?

Où est cet amour quand les uns sont frustrés ?

Où cet amour quand les autres sont offusqués?
Où cet amour quand on agrresse, transgresse?
Où cet amour quand on appelle à la destruction
De sa terre natale ? Où est cet amour quand certains
Sont condamnés à mourir sans témoins?
Où est cet amour quand on sème le trouble ?
Où cet amour quand on traite ses employés
Comme des moyens et des objets ?
Le déshonneur qui mord l'honneur fuyant,
L'honneur qui fuit l'horreur du malheur venant.
L'honneur qui s'en va mourrant.
L'honneur, c'est ce sentiment qui nous
Pousse à mener des actions loyales,
Des actions dignes et nobles.
Le déshonneur, c'est l'ensemble de ces
Actions honteuses que nous menons
Au quotidien : violence, médisance,
Corruption, mensonge, Injustice, vengeance,
Favoritisme, vol, agression, assassinat,
Viole, meurtre, diffamation, l'incitation
À la haine, à la révolte, à la déstabilisation ;
Injure, fause accusation, surfacturation,
Détournement, manipulation, vandalisme,
Égoïsme, terrorisme et banditisme.

Si on cherchait l'amour comme
On cherche la haine.
Si on cherchait la paix comme
On cherche la guerre.
Si on cherchait l'amour comme on cherche
La haine; si on cherchait l'honneur
Comme on cherche le déshonneur,
On serait un véritable paradis terrestre.
Que peut-on faire dans ce monde sans
Amour, sans honneur, sans partage, sans
Entente ? Que peut-on faire dans ce bas monde
Avec la haine, avec le tribalisme, avec le vole,
Avec les Guerres, avec la tricherie
Avec l'hypocrisie, avec la sorcellerie,
Avec la méchanceté avec l'intolérance,
Avec la cruauté, avec l'injustice,
Avec la médisance, le dénigrement ?
Ô, berceau de nos ancêtres !
Ô, la terre où dorment nos grands parents,
Ô, la terre chérie ! Ô, l'Afrique en miniature!
Où est ton honneur et ton amour ?
Nos actions t'ont déshonoré et humilié.
Tout chante l'opprobre, les amours pourries
Quand la haine dévore l'amour,

Quand le déshonneur empoisonne l'honneur!
Alors que les guerres se multiplient,
Alors que la haine prend une ampleur endémique.
La patrie au Sole, pleure à chaudes
Larmes et crie ô, mes voleurs!
Berceau de nos ancêtres croque ses doigts.
La terre natale est tourmentée,
Et dit non aux détourneurs !
Elle bouillonne, déboulonne, perd sa couronne
Et crie à la corruption, ô, la corruption !
Elle sort de ses gongs, et crie à l'égoïsme!
Elle mange ses intestins, pleure son destin dans
Les mains du terrorisme et du tribalisme!
l'Afrique en miniature chauffe, surchauffe
Et crie à la surfacturation!
Elle mange ses doigts grommelant
Et vrombissant contre la destruction!
La terre chérie tourmente à terre,
crie au grand banditisme!
Elle se voit ramenée à l'enfer de l'époque,
Le retour du barbarisme!
Le Cameroun crache crânes, crocodile croque-moi;
Crocodiles, croque-mort vous me croquez à mort!
Ô, C'est mes enfants qui m'ont campé dans l'émoi!

Ô, Colonisateur ! Ô, piège de l'histoire quel tort?

La terre chérie grogne, et Jette un œil sur les siens

Et dit : " C'est ma maison qui m'a jetée dehors."

Ô, tu es très chère la paix !

Ô, Les miens ! Camerouniens ou syriens?

La paix, on ne peut te donner un prix.

Ô, l'Amour je te cherche!

Ô, l'Amour où es-tu ?

Ô, honneur montre-toi, où te caches-tu?

Ô, mes jolis coeurs, revenez à la maison!

Ô, la paix, maître du bonheur !

Ô, la paix l'oxygène de la société !

Ô, la guerre maître du malheur,

De la brutalité, et de la cruauté !

C'est toi, la génératrice du regret

C'est toi, l'assassin de la paix

C'est toi le pire vampire.

Ô, la paix sans armes face aux rixe,

Face aux criminels du 21 unième sicle.

On est fatigué des enterrements

Tu es arrivée un matin et nous a tout

Volé et tout plié. Tu nous prends tout

En nous laissant que des cadavres chauds

Des maisons détruites, des enfants traumatisés.

Je n'ai rien à cirer avec le déshonneur

Je n'irai nulle part avec la haine

Ah! Mais c'est beau de voir Un peuple oisif

Mais c'est laid qu'il se plaigne d'avoir soif

Qu'il veuille tous se faire du rose

Alors qu'il refuse de quitter leur état de sclérose

Mais qu'est-ce qui s'est réellement passé ?

A mon tour de poser l'in/équation sémique

Soit S+ sème Positif et S− sème Négatif.

Honneurs humiliations déshonneurs

[S+ S− S− = S−]

> [Honneur+ Déshonneur− Humiliation−]

= Honneur+ Déshonneur− Humiliation−

= $\frac{\text{Honneur+}}{\text{Humiliation−}}$ = Déshonneur(−)

Frustration Amour Haine

[S− S− S+ =S-]

>[Frustration− Haine− Amour+]

= Amour+ Frustration− Haine−

= $\frac{\text{Amour+}}{\text{Frustration−}}$ = Haine

Amour+tribalisme−haine−
[S+S−S−=S−]
>[Amour+Tribalisme−Haine−]
= Amour+Tribalisme−Haine−
=Amour+ = Haine(−)
Tribalisme−

Vie mort guerre
[S+S−S−]
>[Vie+Mort−Guerre−]
= Vie+Guerre−Mort−
= Vie+ = Mort
Guerre−

Justice+Partage+Amour+
[S+^{3}=S+]
[Justice+Partage+Amour+]
= Partage+Amour+= Justice+
= Justice = Paix
Amour

[Tolérance+dialogue+paix+]
=Tolérance+Dialogue+Paix+
= Tolérance =Paix
Dialogue

Toi le malheur des femmes, des enfants,

Des hommes, des jeunes et des vieillards,

Pourquoi choisir la même sous région

Pour pondre ces dégâts en légion ?

Et les humains, et les matériels :

De la Libye en côté d'ivoire

De la Somalie au Soudan

Du Mali à la Centrafrique

Du Cameroun à l'Éthiopie

Du Tchad au Burkina Faso

Qu'est-ce qu'un hymne national ?

L'hymne d'une nation

Est un chant qui traduit

Son histoire, son espoir

Ses devoirs et son avenir.

Il traduit son vécu et sa force.

Sa solidarité, et son unité

Sa liberté et sa fidélité

Son amour et son honneur

Sa grandeur et sa souveraineté.

C'est ce Chant solennel composé

Pour célébrer la patrie, la terre

Des grands-parents, ses héros,

Ses défenseurs et ses fils.

La petite histoire de l'hymne national du Cameroun

Nous sommes en 1928, Foulassi est l'une de stations de la Mission Presbytérienne américaine au Cameroun. Cette petite localité abrite une Ecole normale qui forme en trois ans des instituteurs. Cette année là, l'école est dirigée par un pasteur de nationalité française, le révérend Camille Armand Chazeau. Il propose aux élèves de fin de formation un devoir d'instruction civique au titre évocateur : « exprimer leur espoir en l'avenir du Cameroun ».

Les élèves vont utiliser la salle d'étude qui est aussi la bibliothèque. Le lendemain matin, chacun lit à haute voix son devoir. Les meilleures phrases sont portées sur le tableau noir. Certains élèves qui s'intéressent à la poésie, comme René Jam Afane, le plus doué, se charge de faire la synthèse de toutes ces phrases en faisant ressortir finalement les paroles contenues dans les deux strophes de la version originale de l'hymne national du Cameroun. Il va leur donner le titre de "chant de ralliement camerounais"

Chant de ralliement

Paroles solennelles qui traduisent

De l'espoir, de l'optimisme pour

Un avenir heureux et meilleur

Pour la tombe de nos ancêtres.

Il exprime l'engagement de ses fils

Et filles à la rendre vivable et paisible.

Il exprime leur amour et fidélité

Pour leur patrie, leur terre natale.

Il met en exergue leur attachement

À leur patrie et son importance

Capitale à la porter à la victoire et à la gloire

Version d'avant l'indépendance

Tu es la tombe où dorment nos pères,

Le jardin que nos aïeux ont cultivé.

Nous travaillons pour te rendre prospère.

Un beau jour enfin nous serons arrivés

De l'Afrique sois fidèle enfant,

Et progresse toujours en paix,

Espérant que tes jeunes enfants,

T'aimeront sans bornes à jamais.

Les mauvais jardiniers

Un joli jardin cultivé et qui germe,
Un joli jardin cultivé et qui prospère,
Un joli jardin cultivé avec les mains glorieuses,
Un joli jardin cultivé avec les outils de paix,
Un joli jardin cultivé avec les mains laborieuses,
Un joli jardin cultivé avec amour sans prix.
Un jardin avec un destin étincellent
Mais qui va hélas tomber un matin dans les
mains Acides des mauvais jardiniers.
Le joli jardin aura dès lors un crétin destin
Et presque tout l'espoir gardé en ce jardin
Sera du jour au lendemain brisé.
Travailler pour le rendre prospère
On a plutôt travailler pour le rendre misérable
L'espoir d'arriver un jour devint une utopie.
Progresser tout ensemble en paix,
On a choisi reculer divisé en rixe.
Au lieu de continuer à t'aimer sans limites
On a choisi plutôt te haïr sans bornes,
Un choix purement ingrat et très criminel.
Nous avons ainsi trahi nos vaillants
Ancêtres, ces meilleurs jardiniers.
Quel coup de poignard! Quel malheur !

Avant d'être adoptée officiellement comme hymne national du Cameroun à l'ombre de l'indépendance par la loi n°57 -47 du 5 novembre 1957 en début de législature de la première assemblée législative du Cameroun (1957-1959), ce chant de ralliement va se voir modifié et l'on aura :

Ô Cameroun, berceau de nos ancêtres,

Autrefois tu vécus dans la barbarie,

Comme un soleil, tu commences à paraitre,

Peu à peu tu sors de ta sauvagerie,

Que tous tes enfants du Nord au Sud,

De l'Est à l'Ouest soient tout amour,

Te servir que ce soit notre seul but,

Pour remplir notre devoir toujours.

Retour de la barbarie et de la sauvagerie

Berceau de nos ancêtres,

Une nation arrachée des mains des Satans.

Une nation bâtie sur les décombres de la traite

Inhumaine et mesquine dite Traite Négrière

Et de l'impérialisme des agresseurs européens.

Un État bâti sur un long fleuve de sang,

Un pays né au bout d'une foultitude de guerres,

De trahison, de souffrance, et des tueries.

Un Cameroun qui a vu le jour sur le sacrifice

Des ancêtres vaillants et des courageux héros

Une indépendance obtenue après une

Sanglante guerre, Le sacrifice de nos

Martyrs effroyablement exécutés :

Matin Paul Samba, Rudolf Douala Manga Bell

Assassinés froidement cet étranglant

8 août 1914 par les Allemands;

Ruben Um Nyobé, Ernest Ouandié,

Félix Moumié, Osendé Afana,

En majorité assassinés par les français.

À peine de recouvrer de l'air pur,

A peine de recouvrer du bonheur

Le malheur vient cette fois-ci de la maison,

C'est l'oiseau qui décide de détruire son propre
Nid et retourner comme un criminel en prison.
Après des années à la braise occidentale,
Après des années de souffrance
De sauvagerie et de barbarie.
Des longues nuits noies et atroces.
À peine de recouvrer la liberté
Vient déjà la prison. À peine de
Recouvrer la paix vient déjà la guerre.
À peine de recouvrer la vie vient la mort.
À peine d'être affranchi
Vient déjà l'esclavage !
À peine de se pointer la saison pluvieuse
Arrive d'ores et déjà la sécheresse.
Mais c'est qui fait déshonneur, c'est les
Poussins qui s'entretuent,
C'est certains poussins qui tuent
D'autres poussins. C'est la poule
Qui casse les œufs chauds,
C'est elle qui boit ses propres œufs.
C'est elle qui fume ses propres
Futurs poussins.
Et les poussins qui commettent
Des crimes avant l'éclosion,

Et les poussins victimes avant l'éclosion

Et les poussins qu'on tue dans l'œuf.

À peine de recouvrer la joie de vivre

Vient déjà la tristesse de mourir

À peine de recouvrer la justice

Vient déjà l'injustice,

Vient déjà l'intolérance!

À peine de s'entendre

Vient déjà la mésentente !

À peine de recouvrer la santé

Vient déjà la maladie

À peine de recouvrer le bonheur

Vient déjà le malheur!

Vient déjà le déshonneur!

Vient déjà l'horreur!

À peine d'avoir un territoire

Vient le terrorisme!

Quand les poussins font des

Guerres entre eux,

Quand les poussins font les

Guerres contre les poules!

Et où iront les poussins après

La destruction de la poussinière?

Après la destruction du poulailler!

Où iront les poules au lendemain de
La destruction du poulailler ?
Que vaut un poulailler sans poule?
Que vaut un poulailler avec deux poussins ?
Que vaut un poulailler sans poussins ?
Et les poussins qui pourchassent
D'autres poussins! Et les poussins
Qui haïssent les autres poussins!
Et les poussins qui compliquent
La vie aux poules et cherchent
Leur mort! Et les poussins
Qui condamnent injustement
D'autres poussins! et les poules
Qui maintiennent les poussins
Dans la misère, dans la famine
Et dans la soif, et dans l'injustice !
Et les poussins paresseux
Qui attendent tout de la poule !
Et les poules qui détournent encore
Les aliments destinés aux poussins
Affamés ! Et les poules
Gourmandes et égocentriques
Qui mangent jusqu'à manger
Même les poussins dans l'oeuf!

Et quant aux poussins ingrats,
Complexés et jaloux qui ne reconnaissent
Jamais le bien des poules en leurs faveurs!
Et les poules qui favorisent certains
Poussins au détriment des autres !
Et aux poussins, et aux poules,
Et quand vont atterrir les oiseaux génocidaires?
Et quand vont atterrir les aigles aigus ?
Qui vous souvera à cette heure là ?
Et quand vont rentrer les malfaiteurs oiseaux?
Et quand vont rentrer vos bourreaux?
Ah, les oiseaux qui viennent au secours
Des poules et poussins !
Ah, des poussins et poules sans poulailler digne
À la construction du nid achevé des oiseaux !
Les poules dans les hôpitaux des oiseaux!
Les poules dans les hôtels des oiseaux !
Les poussins qui vont livrer les poules
Aux affamés oiseaux prédateurs!
Et les poules qui vont livrer
Les poussins aux affamés aigles !
Seul l'éleveur décide de quand et de quels
Parmi les poussins ou les poules iront
À l'abattoir, et quand bien même certains

Tuent, menacent et harcèlent les autres

Y compris ceux que les oiseaux pêcheront

Mais deux sont évitables.

Dernière modification de cet hymne national date de 1970

À la veille de l'unification d'une famille dont l'étranger

Avait séparé le père de la mère :

Ô Cameroun , berceau de nos ancêtres,

Va debout et jaloux de ta liberté.

Comme un soleil ton drapeau fier doit être

Un symbole ardent de foi et d'unité.

Que tous tes enfants du nord au sud,

de l'est à l'ouest soient tout amour,

Te servir que ce soit leur seul but,

Pour remplir leur devoir toujours.

(Cf l'entrée)

Au regard de tout ce qui précède, il apparaît clair que les
Camerounais eux tous ont trahi, et leur nation, et leurs
Ancêtres, et leurs devoirs, et leurs objectifs, et leurs
aspirations, et leurs espoirs et leurs honneurs. Ils chantent
Chaque jours paix travail patrie comme devise
Mais font la guerre, vendent leur patrie, se divisent
Jonglent et baclent leur travail; se détournent de leurs
Obligations patriotiques et de leur devoir citoyen.
Ils brisent chaque jour et l'unité nationale
Et l'intégration nationale. Nous avons tous trahi
Nos ancêtres et notre chère nation.
Nous sommes à son deuil, venez voir
Celui que nous avons tué à petit feu!
Venez, nous pouvons encore le resusciter
Avant son enterrement. Nous sommes
Tous coupables, nous sommes coupables !
Coupables de notre descente aux enfers.

Aux camerounais et camerounaises

l'Afrique en miniature,

Vous êtes la lampe de l'Afrique

Vous êtes les flambeaux du continent

Vous avez éclairé les endroits obscurs

Vous ne méritez pas la pénombre

Vous êtes un astre lumineux et étincellent!

Vous êtes entrain de vous perdre dans

Les noirs obscurs, où allez-vous dans l'ombre ?

Vous êtes une lampe mais vous avez mis

De l'eau et d'essence dans le réservoir à pétrole;

Votre lampe est entrain de perdre sa flamme

Retirez ces étrangers du réservoir :

Primo, appuyez sur le levier d'accès

Au bec, retirez le verre, mettez-le dans

Un endroit sûr car il est très fragile

Et pourra se briser en cas d'un brusque

Contact avec un quelconque objet solide.

Secundo, Ouvrez doucement le

Bouchon du réservoir, et purgez-le.

Enlever le bec ou porte mèche,

Orientez la tête de cette mèche

Avec une paire de ciseaux

Le bec est la partie centrale, mettez-le

En parfaite harmonie avec la mèche
Sinon il ne pourra pas la faire monter
Pour produire donc la lumière
N'y 'ajoutez plus : et de l'eau, et d'essence
Introduisez maintenant du pétrole,
Du pétrole pur et raffiné.
Ne laissez plus passer aucune goutte
D'essence sinon vous allez l'exploser;
Ne laissez passer non plus aucune goutte
De l'eau sinon, il y aura du buplape.
Tertio, nettoyez les tubes de re-circulation d'air
Ainsi que la cheminée. Toutes les pièces
Sont importantes, ne laissez aucune.
Elles doivent être toutes en harmonie,
Aucune ne doit être négligée même
Les moines essentielles.
Engraissez l'anse de suspension.
Retressez la poignée de transport.
Chaque pièce doit jouer son rôle.
Chaque pièce a un rôle spécifique.
Toutes ces pièces doivent
Se communiquer et se soulager.
La poignée de transport peut
Soulager l'anse de suspension.

N'accusez pas les pièces sales

Nettoyez-les seulement avec amour.

S'il y en a celles qui sont endommagées

Remplacez-les et recycler celles rouillées.

Nettoyez le verre de votre lampe

Vous l'avez couvert de fumée noire

Et remettez-le dans la globe.

Le bec doit mesurer la taille de la mèche

Qu'il fait remonter pour éviter de briser

La globe ou le verre.

Placez cette nouvelle lampe

Au centre pour que chaque côté

Soit éclairé comme d'autres.

Passez maintenant au rallumage!

Quel soleil, quelle lumière, bravo !!

A monsieur le Président de la République

M. Le président,

Le Cameroun est une lampe dont
Vous êtes comme son bec, la partie
Centrale qui porte la mèche.
Sans vous il n'y a point de flamme,
Sans vous, il n'y a point de lumière.
Vous seul pouvez savoir s'il y a du
Pétrole dans le réservoir ou non.
Vous seul pouvez faire monter
La mèche et la faire descendre.
C'est vous qui orientez le pétrole
Dans la mèche, c'est vous qui produisez
Avec toutes les autres pièces de la lumière.
M. Le président, Il paraît que la flamme
Ne soit plus vive et intense
Comme c'était avant. Il paraît que
Le verre soit recouvert de la fumée noire.
M. Le président, il paraît que certaines
Pièces soient rouillées ou endommagées.
S'il vous plaît, continuez à les nettoyer,
À les remplacer. Certaines pièces se seraient
Entrain de vouloir se dessouder, s'il vous plaît
Soudez-les. La flamme brille s'éteignant paraît-il.

À monsieur le ministre

M. Le ministre,

Le berceau de nos ancêtres

Est cette lampe dont vous en êtes

La mèche, c'est vous qui produisez

De la lumière grâce au bec et au pétrole.

Sans le pétrole vous aurez peut-être

Du Mal à produire de la flamme,

Suffisamment de la lumière éclairante.

M. Le ministre, souvenez-vous,

Vous êtes d'abord le pétrole avant d'être

La mèche. Vous avez du pétrole

Produisez de la flamme.

Vous avez du pétrole, où est la flamme ?

Et pourquoi la flamme paraît-il mince?

M. Le ministre, comment y aurait-il

Du pétrole et la lampe fait buplape?

S'il vous plaît laissez passer de l'énergie ! Éclairez

Ceux que l'obscurité rend aveugle !

Laissez passer la lumière pour ceux que

Les ténèbres tuent dans un couloir impraticable

Il paraît que la lumière soit limitée auprès

De vous monsieur le ministre alors qu'elle

Est destinée à éclairer tous les côtés.

Aux civils

La partie civile,

Vous êtes du côté du nombre

Votre pouvoir est incommensurable

On vous doit la grandeur et l'honneur

On vous doit tout le respect. Quand vous

Pleurez, vous évacuez de larves

Quand vous Pleurez, vous rejetez de larmes

Bouillantes, brûlantes et dévastatrices.

C'est vous qui produisez de l'énergie

Qui alimente l'entière nation

La santé ou la vie nationale

Est sous vos mains contaminées

Vous êtes le pétrole de votre lampe

Si le verre est entrain de se briser, demandez-

Vous si vous vous n'êtes pas métamorphosée

En essence dans le réservoir à pétrole. Demandez-

Vous si vous vous n'êtes pas transformée

En eau dans le réservoir quand la lampe fait buplape.

Le maillon national, lorsque vous n'êtes pas

Raffiné, vous constituez une boule

Explosive dans le réservoir, et vous

Envoyez un nuage noir au globe

Et qui couvre ce verre.

Les civilais, c'est vous qui êtes l'énergie
De la nation, son bonheur repose
Sur vos épaules qui s'éparpille
Et son malheur également. Sans pétrole
Aucune lumière, la qualité de cette flamme
Est tributaire à la qualité de votre degré de
Raffinage. Autant vous êtes limpide
Autant la flamme est forte et intense.
Tout changement émane de vous d'abord
Comment savoir si c'est le bec la panne
Ou c'est Plutôt la mèche
Lorsque la couleur laisse entrevoir
Un raffinage corrumpu depuis la raffinerie
Et par de l'eau, et par de l'essence, et par
De gaz, et par de gazoil et par
De kérosène. Un raffinement bien raté
Comment savoir si le bec n'arrive plus
À faire remonter la mèche
Comment savoir si c'est la mollette
Qui est rouillée ou plutôt la mèche ?
Comment savoir si c'est le
Verre qui fait défaillance ?
Comment savoir que c'est tout

Le système qui est défaillant, sclérosé ?

Si vous continuez de faire usage

De ce pétrole brut, vous aller exploser

Toute la lampe déjà lapidée et aucune pièce

N'en sortira vivante, aucune y compris vous !

Soyons des civils plus civilisés.

Ne tirez plus sur le bouchon, il est votre

Protecteur, il vous protège contre l'écoulement !

À la jeune génération camerounaise

La jeunesse de mon pays,

Nous sommes la nouvelle germe

De notre nation, de notre chère patrie.

Nous sommes des champignons

Qui poussent sous une terre fertile.

Une terre qui traverse

Une saison sèche et aride, soumise

Aux rayons du soleil qui arrivent par balle.

Nous sommes des herbes aux pieds

Des géants arbres enracinés depuis

La nuit des temps. Nous avons besoin

De la lumière vitaminée du soleil qu'ils reçoivent

En quantité suffisante et nous renvoyant qu'une

Très faible énergie sans vitamine, pour réaliser

Pour nous de la photosynthèse. Nous sommes

Des herbes aux racines moins rallongées dans

Le sole dur qui discutent de la sève avec des arbres

Aux racines enfouies sous le sole.

Nous ne devons pas nous rebeller contre ces arbres

Sinon, ils vont tous tirer la sève sous le sole.

Nous ne sommes ni la tempête pour les renverser

Ni les scieurs pour les scier.

S'ils se renversent brusquement, ils vont

Tomber sur nous et nous écraser.
S'ils s'arrachent sans nous avoir enseigné
Les bonnes méthodes pour tirer la sève du sous-sol
Ce que nous aurons aussi de la pierre à croquer.
Patientons, le prix de la patience est très grande
Endurons, le prix de l'endurance est inestimable
Apprenons plutôt à ne pas tomber demain dans
Ce même piège quand la nature va nous
Faire grandir jusqu'à atteindre leur niveau si on a
Cette grâce d'y arriver. On ne met pas bas à un papillon
Mais on met plutôt bas à une chenille.
La chenille grandit avec du temps et devient nymphe
La nymphe grandit avec du temps et devient enfin papillon.
Prendre ces géants arbres pour tous nos malheurs
Sera un malheur pour nous car cela ne peut expliquer
Notre livraison à la consommation des stupéfiants,
À la consommation des drogues,
À la commission des crimes odieux, braquage, tuerie.
À la pratique de la violence, agression, viole, et paresse.
Cela ne peut expliquer notre livraison à la consommation
De l'alcool. Cela ne peut expliquer les crimes en milieu
Scolaire, impolitesse, désinvolture et perversité à outrance.
Cela ne peut nullement expliquer la cybercriminalité,
Vente des ossements humains et des organes humains

Souvent, dit-on, en complicité avec certains arbres.
Cela ne peut expliquer cette dépravation de mœurs.
Cela ne peut expliquer le mépris non seulement
Envers eux mais vis-à-vis de nous-mêmes.
Nous voulons de la lumière mais
Nous coupons encore des herbes qui progressent
Au milieux de ces géants arbres même comme
Il se font du greffage entre eux.
Nous voulons tous de la lumière du soleil
Et nous préférons tuer l'herbe qui va gracieusement
Vers cette vitamine. Nous sommes aussi herbes
À cause de nous-mêmes. Et quand va-t-on remplacer
Les arbres mourants avec les mains rouges?
Seulement avec l'entente, l'harmonie
La compersion, la foi en Dieu et en notre patrie
L'amour, la paix, le dialogue
La tolérance et les bonnes manières
Nous feront voir le bout du tunnel.
Et non la l'oisiveté qui est devenue notre seul travail
Et non les réseaux sociaux qui sont devenus
Nos champs de plantation
Où nous plantons les germes de la haine
De l'impolitesse, de la perversité
Où nous nous pourrions nos propres vies

Où nous sommes transformés en juge

Des faits et des actions sociales

Nous voulons le développement, et nous

Passons tous les temps sur des réseaux

Sociaux à commenter tout sauf rien

Nous insultons tout le monde

Derrière tout ce qui est pervers

Derrière des artistes pervers

Derrière les affaires des autres

Derrière des photos et vidéos indécentes.

Ô, jeunesse camerounaise, quel avenir

Avec les porte-monnaies magiques?

Quel avenir dans l'arnaque ?

Quel avenir dans l'escroquerie ?

Quel avenir dans le braquage ?

Quel avenir dans la vente et consommation

Des stupéfiants, des drogues ?

Quel avenir dans la prostitution ?

Quel avenir derrière les charlatans ?

Quel avenir dans des sectes parce qu'on

Veut avoir à tout prix et à tous les prix de l'argent ?

Quel avenir dans la promotion de la haine ?

Pourquoi sommes-nous devenus

Si abracadabrantesques?

Quel avenir dans le tournage des vidéos indécentes
Dans les milieux scolaire?
Quel avenir avec une éducation bancale?
Les réseaux sociaux qui devaient être
Un endroit pour l'échange sur comment développer,
Développer notre pauvre nation enfoncée dans la misère
Nous l'avons transformé en un lieu pour
Causer sa descente aux enfers
Vous faites fi des malheurs réels qui fouettent
Nos compatriotes chaque jour
Pour courir derrière des nudités
Mais voyons un peu plus clair
Des millions des lives ont développé quelle nation ?
Des milliers de vues ont soigner quel malade?
Ils ont sauvé quelle vie ?
Chaqu'un se prend pour l'influenceur mais
Vous influencez qui, qui jouit de Toutes ses facultés
Mentales? Influencez pour vous, c'est de publier
Des millions de photos dont les qualités furent
Corrompues par des logiciels ? Influencez pour vous
C'est Montrer que vous faites le tour du monde?
C'est montrer comment insulter les gens ?
Mais vous vous trompez mentalement!
Est-ce que vous connaissez même l'intention

De ceux qui s'abandonnent aveuglément ou

Malicieusement à vos pages ou à vos comptes ?

Vous vous fiez d'avoir des millions d'amis

Mais quels amis mêmes? Les hypocrites?

Aurez-vous oublié la fourchette qu'il y a

Entre le réel et le virtuel ?

Quand allons-nous saisir le bien fondé

Des réseaux sociaux pour développer

Notre misérable nation?

Quand allons-nous nous taire ?

Ô, jeunesse camerounaise, quand allons-nous

Nous soigner et soigner notre avenir ?

Quand allons-nous cesser de nous insulter sur

Le marché de Zuckerberg?

Allons-nous cesser d'enseigner l'indécence,

La désinvolture, la délinquance à nos petits ?

On nous voit déjà trop partout.

Sur les réseaux on devient tous :

Et des juges, et des sabitouts et des communicants,

Et des politicards et des entrepreneurs, et des artistes.

Si nos parents se comportaient ainsi

Où serons-nous la jeunesse ?

C'est très inquiétant et doublement risqué

De confier la gestion de la société à une

Telle jeunesse. Mais vrai, nous faisons
Pire que ces gérontocrates qui refusent
D'aller se reposer. Et même s'il voulaient
Même nous confier la gestion des affaires
Sociales, le feront-ils avec cette attitude ?
Si on me donne 4 jours pour juger un fait social
Ou une action sociale, je passerai 1/5 jours
Chez Émile Durkheim et 1/5 chez Max Weber.
Il y a nul doute, parmi nous il y a des modèles,
Des travailleurs pourquoi ne pas ressembler
À eux ? Changeons pour faire changer notre pays
Nous avons le même problème, la position,
Trouver une position au soleil pour nourrir
Nos mourantes pauvres familles.
Nous n'avons pas encore tout perdu, c'est une
Herbe qui devient un arbre mais toutes les
Herbes ne peuvent pas devenir les arbres.
Paix travail patrie, paix, amour, travail, patrie.
Arrêtons d'alimenter les clivages sociaux
Ne nous divisons pas car nous avons les
Mêmes problèmes : trouver les voies
Pour parvenir au sous-sol rapidement
Et tirer facilement la sève, subvenir
À nos besoins physiologiques

Nourrir normalement nos misérables familles,
Avoir de la lumière pour réaliser la photosynthèse.
Nous sommes encore les herbes, n'admirons
Pas encore trop la vie de ces arbres.
Demandons leur gentiment ce dont nous avons
Besoin et battons-nous pour l'obtenir.
Montrons leur l'amour et le vivre ensemble
Entre-nous-mêmes, entre-nous-mêmes.
Soutenons-nous malgré tout.
Soyez prévus du changement !
Préparons-nous à prendre les reins de ce pays.
La paix et l'amour demeurent notre seule sève.

Aux hommes de Dieu

Les prêcheurs d'évangile,

Vous êtes l' intermédiaire

Entre le créateur et ses créatures

Vous êtes ceux qui détiendraient la vérité

Ceux qui contrent la foudre par les prières.

Ceux qui, par des bonnes prières sortent

Les égarés de leurs égarements.

Les hommes de Dieu, que faites-vous

Quand la dignité humaine s'animalise

Que faites-vous dans les chose de Machiavel

Et de Montesquieu ? Où êtes-vous quand le

Berceau de nos ancêtres tourmente dans

Les guerres, la désinvolture, meurtre, orgueil,

Arrogance, malhonnêteté, ingratitude, haine

Diffamation, et l'incitation à la haine tribale?

Que faites-vous lorsque l'injustice sociale

Dévient autoritaire ? Quand le vivre ensemble

Se pend sur la corde de la solitude ?

Avez-vous peur avec la Bible et le Coran

En main? Condamnez-les, blâmez-nous

Orientez-nous. Vous êtes là et la société

Se perd comment ? Multipliez-vous

Prêchez plus et soigez avec vos belles prières

Cette société malade ! S'il vous plaît, implorez
Le créateur d'apaiser le cœur de ses enfants!
S'il vous plaît faites primer la vérité !
N'ayez pas peur de nous blâmer, oui blâmez-nous
Sans complaisance ! Quand dissocier, certains, la
Religion de la chose de Machiavel et de Montesquieu ?
Quand vais-je cesser de corrompre avec la bible et le coran
En main? Quand vais-je cesser de multiplier les réveillées
Maisons de Dieu? Quand vais-je pratiquer ce que je prêche ?
Grands hommes de Dieu, les vrais hommes de Dieu,
Vous détenez la vérité alors orientez-nous ! Montrez-nous
La voie car nos actions trahissent notre soi-disant foi en
Dieu, dites-nous à haute voix que Dieu condamne les meurtres,
Les guerres, la haine, le tribalisme, la corruption, le vol, le Viole,
Et L'abominable homosexualité, ce malheur de l'humanité,
Celui qui appelle foudre et fureur du Tout puissant.
Dites-nous que certaines soi-disant normes sociétales
s'écartent radicalement de la bonne moralité
Et embrassent dès lors de l'animalité.
Si ce n'est de l'animosité,
Quelle normalité
Peut-elle justifier humainement l'homosexualité ?
Diaboliquement, quelques maudites sociétés
Dans leur danse satanique, l'adoptent et la pratique

Comme norme au très grand mépris de la fureur

d'Allah mais ce n'est pas vampirique ?

Dites-nous Que l'amour, le partage, la paix, la justice

Sont les actes recommandés

Par le père de l'humanité. Dites-nous que la manipulation,

Tricherie, le favoritisme, la luxure, l'escroquerie, injures

L'impolitesse et la diffamation sont

Des péchés qui les divisent ! Vous le dites bien mais

Dites plus et n'ayez pas

Peur de dire la vérité, n'est-ce-pas Jésus mourut pour la cause

Des hommes perdus?

Aux hommes en tenue

Les boucliers de la nation,

Nous vous avons donné nos dents

Nous vous avons donné nos machettes

Nous vous avons donné nos chars

Nous vous avons donné, et nos

Lances, et nos flèches

Nous vous avons confié, et nos

Poumons, et nos cœurs.

Vous avez nos rafales et nos

Missiles, nos roquettes et nos fusils

Allez combattants et combattez

Pour notre compte commun

Nous vous avons confié tous nos

Pouvoirs et forces, vous êtes puissant

Vous êtes par milliers, vous êtes forts

Allez-y et éradiquez ces bokos- Harams

Continuez à les mettre hors d'état de nuire

Retranchez-les jusqu'à leur dernière poche,

Coincez-les dans leur dernière Fief et pêchez-

Les un à un comme des poissons.

Vous avez toute notre force

Allez et pêchez ces vendeurs de drogues

Dans les fonds des quartiers échoués

Allez et pêchez nous ces vendeurs des ossements humains

Allez et pêchez nous ces arracheurs de sacs dans nos

Pauvres marchés, dans nos agences misérables

Allez et pêchez nous ces bandits de grand chemin.

Allez et pêchez nous ces gros bras, ces soi-disant taxeurs

Dans les fonds des marchés. Allez et pêchez nous

Ces criminels, ces monstres, ces prisonniers en liberté !

Votre fin est où débute l'enfer des honnêtes citoyens!

Votre fin est où débute la sauvagerie et la barbarie!

Votre régulière présence diminue des kyrielles

Des crimes, d'infractions, de meurtre et d'injustice.

Nous vous avons donné nos dents

S'il vous plaît ne les utilisez pas contre nous!

Ne nous croquez pas avec nos dents !

On n'attaque pas un désarmé,

Nos glandes lacrymales sont sèches

S''il vous plaît ne nous

Versez pas du lacrymogène!

Vous êtes nos forces, vous êtes nous et nous sommes

Vous. Si nous nous révoltons, s'il vous plaît

Calmez-nous et ne vous jetez pas sur nous !

Si nou pleurons, n'augmentez avec du lacrymogène !

Si nous marchons en masse, s'il vous plaît encadrez-nous

Et dialoguez avec nous. Nous n'avons pas votre puissance

De feu, nous ne sommes pas nés pour vous affronter
Ce n'est que l'armée d'une nation qui soit en mesure
D'affronter une autre et prétendre s'en sortir.
Traitez-nous comme vous et plaidez pour
Notre cause auprès de votre supérieur,
De votre hiérarchie. Vous êtes au service de la nation
Vous êtes nos défenseurs contre les agresseurs extérieurs
Ne croquez pas vos gens avec leurs propres dents !
Vous ne dormez pas à cause de nous, vous abandonnez
Vos familles à cause de nous,
Que Dieu vous soit reconnaissant!
Mais nos vues, floues, bavures en vue en navire !
En navire en vue bavures nos vues en floues!
Vues, levures en bavures navire floue en vue!
Navire, floue, en bavure levures, en vue!
Soyez moins bruts avec vos gens bruts !
Affrontez-les avec les armes de dialogue et de paix!
Tolérez nos exactions et remettons-nous sur la route
Qui n'est pas fausse. Ne vous vengez pas contre vos propres gens!
Hommages aux vaillants soldats de kolofata, de l'extrême Nord!

Aux hommes de justice

La justice,

C'est vous qui rendez les hommes égaux
C'est vous qui rendez justice
C'est vous qui condamnez les injustes
Nous vous avons donné le droit et le pouvoir
De juger. Vous êtes la force des opprimés
Vous êtes la vie d'une société
Vous relevez ce que les forts écrasent
Nous vous avons donné nos pouvoir de décider
Et de condamner. Lorsque vous êtes juste
La société est juste. Lorsque vous êtes injuste
La société est elle aussi injuste
Une société juste dépend de vous
Lorsque vous êtes juste vous êtes crédible
Lorsque vous êtes juste vous êtes fiable
Lorsque vous juste vous êtes le bonheur
De la société. Mais quand vous êtes
Injuste, vous êtes le malheur de toute une
Nation. Quand vous êtes injuste, vous
Représentez le mal social, le cancer d'une nation
Si une société est injuste ce que ceux qui incarnent
La justice sociale sont injustes.
Vous n'êtes juste quand vous êtes corrompu

Vous n'êtes pas juste quand vous êtes subjectif
L'injustice et la paix ne font route Commune
Lorsque vous êtes juste, vous resuscitez
Des morts que la société tue injustement.
Nous vous avons donné le pouvoir de juger
Les hommes de droit, si la société est droite
Ce que vous êtes droit mais si elle est maladroite
Ce que vous êtes maladroit.
Vous avez choisi juger, jugez avec le ciel
Et quand le juge fausse le jugement
La canisole devient la maison des justes.
On peut tolérer tout dans une société
En réserve de l'injustice
Chaque injustice commise est
Un lourd fardeau qu'on met sur la tête
Fragile de l'humanité.
Quand l'injustice arrive avec les mains
Corrumpues, elle change le jour en nuit
Elle transforme le rouge en blanc
Elle fait basculer les victimes du côté
Des bourreaux, des criminels aux mains
Sanglantes et aux visages coupables
Elle rejette les victimes sur les bacs des accusés
Quand la justice fait justice, la société

Fait bon vivre, l'égalité devient une moralité

Et quand la justice est injuste, la société

Fait mal vivre et la criminalité devient une normalité

L'injustice est le poison de l'humanité

Elle est le plus grand mal d'une société.

Les hommes de justice, vous êtes les arbitres

Des hommes. Quand vous êtes impartial,

Vous êtes le refuge des justes, des opprimés,

Des faibles, et des malheureuses victimes

Et quand vous êtes partial, vous êtes le malheur

De vos semblables aux mains blanches.

Quand vous faillez, vous faites tourner la terre.

Les billets qui transforment des coupables en innocens.

Les billets qui équivalent des vies qu'on jette

Dans les bras tranchants de la mort.

Les côtes qui coptent la justice.

Fendre le juste pour défendre l'injuste

Prendre les billets pour défendre l'injuste

Faire confondre le juste avec l'injuste

Pour faire mourir les preuve de culpabilité.

La justice de mon pays, sauvez la nation qui meurt

Dans les bras brûlant des injustes!

La nation qui s'en va avec les criminels!

Aux hommes de médias

Hommes de médias,

Vous qui dites où va le monde

Vous qui dites ce qui est dans le dos

Vous qui Persez les mystères profonds

Vous êtes le miroir des faits sociaux

Vous êtes le miroir des actions sociales

Vous qui allez à la quête des informations

Pour servir vos semblables

Vous qui risquez vos vie pour nous faire

Voir plus clair. Vous détenez le tympan

De la société avec vous. Vous qui dîtes

Où est le danger. Vous qui séparez le vrai

Du faux. Vous avez l'oreille de tout le globe.

Vous êtes le refuge des vérités qu'on pourchasse !

Vous faites également le travail des juristes

Vous êtes aussi des juges. Vos papiers

Journaux vous réclament justice

Vos stylos vous demandent justices

Vos thèmes de débat vous réclament pertinence

Vos images réclament décence

Vos programmes réclament éducation

Vos microphones vous demandent justice

Vos écritures vous réclament justice

Rendez-leur justice dans leur traitement!

Médium, et ceux qui grossissent les faits!

Et ceux qui amplifient les faits !

Et ceux qui donnent le faux au vrai!

Et ceux qui traitent les informations

Sur des billets ! Et ceux qui traitent

Les informations sur des matricules!

Une fausse information donnée

Par un média équivaut un génocide

Équivaut une bombe atomique

Équivaut une injustice commise dans un tribunal!

Une bonne information est celle qui fâche!

Une bonne information est celle qui inquiète!

Une bonne information est celle qui livre

Les coupables, les criminels et les injustes.

Une bonne information est celle qui réconcilie!

Une bonne information est celle qui vient au secours !

Une bonne information ne doit pas plaire, elle

Doit plutôt déplaire. Le journalisme est un travail

Des justes, des vrais hommes et des honnêtes !

À la diaspora

Diaspora,

Vous qui êtes de l'autre côté

Vous qui êtes allés chercher

Les meilleures conditions de vie

Vous qui vous vous êtes jetté à l'eau

Ceux qui sont allés par voie aérienne

Ceux qui sont allés par voie maritime

Vous qui avez pourtant fui la misère

Par la mer. Vous qui avez affronté

La mort par les mers.

Les portes que vous avez laissées

Sont toujours ouvertes.

Les toits sont toujours suintants

La cuisine est toujours fermée

Vous brillez par mille feux

La maison est toujours dans le noir

Si vous avez trouvé les pièces manquantes

Revenez nous trouver, nous sommes

Au garage. Revenez pour qu'on mette

Notre train sur les bons rails !

Vous êtes des braves : de l'Afrique à l'Afrique,

De l'Afrique à l'Europe, de l'Europe à l'Asie

De l'Asie à l'Amérique, de l'Amérique

Au proche orient. Vous êtes des bons
Chasseurs, si vous avez pu capturer
Quelques gibiers, revenez, notre
Marmite est toujours vide!
Si vous avez triché les bonnes méthodes
De chasse, rentrez nous les enseigner!
Vous êtes pris entre les mailles du racisme
De lourdes fiscalité, de l'esclavage et des
Policiers injustes et racistes !
Courage à vous ! N'oubliez où sont
Couchés vos grands parents,
N'oubliez pas vos dettes envers eux
N'oubliez pas votre sens de patriotisme
Vous êtes comme des termites
Sortis de leur termitière à la recherche
Des femelles et des mâles. N'attendez pas
La rupture de vos ailles pour rentrer!
Ne vous confondez pas aux oiseaux !
Dès le moment où vous avez trouvé
Une femelle ou un mâle
Pensez à revenir dans la termitière
N'ayez pas peur de votre termitière
Vous pouvez la transformer
Ou bien l'améliorer comme d'autres !

Rappelez-vous que tout se transforme !
Revenez ! Revenez ! La termitière a besoin de vous!
Malgré tout, malgré son état, elle reste votre
Maison. Dit-on, un termite larve dans sa termitière
Vaut plus qu'un roi de termitière dans la fourmilière.
Il pleut dans la termitière, donnez-nous le parapluie
Et non la tempête qui nous arrachera tout le toit!
La colonie est malade, venez avec vos intelligences
Acquises, votre expérience et votre stratégie
Pour que nous puissions la soigner !
Ceux qui sont contraints à l'exile,
Ne fuyez pas votre chère patrie, revenez!
Soyez avertis du changement
Notre colonie brûle, revenez les sapeurs pompiers!
Ne soyez pas parmi les pyromanes!
Ne soyez pas ces pyromanes avérés !
On ne combatte pas les pyromanes avec des
Bidons d'essence mais plutôt avec des bidons
D'eaux. Diaspora, la maison brûle, aidez les
Pyromanes de l'eau, donnez-leur de l'eau
Et non de l'essence !
Braves fils et filles de la nation,
Vous êtes allés comme les ouvriers de vos
Familles, de votre patrie, si vous avez trouvé

Du pain, revenez avec à la maison !

Épilogue

Des autochtones étrangers

Des gènes indigènes

Des aborigènes étrangers

Des aborigènes étranges

Des pestes bergers

Des castes qui castrent leur colonie

Une colonie livrée par ses autochtones colons

Une colonie trahie pas ses castes :

Et la reine, et les ouvriers, et les soldats,

Et les larves, et les nymphes et les néoténiques.

Les papillons qui se nourrissent des nymphes

Les nymphes qui se nourrissent des chenilles.

Ah, et lorsque les larves se prennent déjà

Pour des nymphes et pour des papillons !

Ah, lorsque les papillons empêchent les chrysalides

D'atteindre la maturité et de se doter des ailes

Comme eux! Ah, le malheur qui frappe la foudre

La foudre qui frappe le malheur !

Ô, tempête ! Ô, orage, ouragan et pluies caillouteuses !

Lorsque les néoténiques et les papillons

S'affrontent, se cognent, et se déchirent

Les chenilles dépourvues de force et des ailes

Glissent sur des pentes sépulcrales.

Certaines de ces immatures qui prennent refuge

Dans la nature mûre d'agressivité, de cruauté :

Sans toit, sans aliments, sans eau au milieu désertique

Des animaux ravisseurs et agresseurs.

Lorsque les ailés font la guerres, les chenilles meurent

Ah, le monde tourne quand les larves tuent les larves

Quand les nymphes tuent les nymphes et quand les

Papillons tuent Les papillons ! Et le monde meurt

Lorsque les ailés font la guerre au non ailés !

Ô, l'astre brûlant, quand vas-tu cesser de chauffer

Tes rayons ? Quand vas-tu cesser de braiser des vies?

Et à vous, quand allez-vous agir en faveur de votre patrie?

Quand allez-vous agir conformément à ce que vous

Chantez chaque jour ? Quand allez-vous poser les actes

Qui ne trahissent pas , et votre hymne national, et votre drapeau,

Et votre devise, et votre unité nationale et vos emblèmes?

Et quand reviendra la paix que vous avez chassée, que vous

Avez jetée à la porte ? Quand allez-vous cesser de tirer sur

Le va-debout? Quand allez-vous rendre la justice ?

Quand allez-vous cessez de détourner les biens publics ?

Quand allez-vous cesser la vente des drogues

Et des ossements humains ?

Quand allez-vous cesser avec la sorcellerie, la tricherie,

La corruption, la haine, le tribalisme ?
Jusqu'à quand allez-vous prendre conscience que
Vous êtes entrain de déstabiliser votre chère patrie?
Quand allez-vous être juste, honnête ?
Jusqu'où vous amèneront l'orgueil, l'arrogance et le mépris ?
Jusqu'à quand allez-vous apprendre le partage ?
Jusqu'à quand allez-vous cesser de trahir vos grands parents ?
Jusqu'à quand allez-vous ramener vos chiens dans
Leur cage? Quand allez-vous cesser de mettre des enfants,
Des mamans, des pères fatigués dans la rue?
Quand allez-vous cesser de semer la terreur, l'horreur ?
Quand allez-vous cesser de tirer votre nation vers l'arrière ?
Quand allez-vous cesser d'humilier vos semblables ?
Quand allez-vous cesser la gallomanie et la gabegie ?
Quand allez-vous cesser de malmener vos employés ?
Quand allez-vous cesser de voler l'État ?
Quand allez-vous laisser la récurrente pratique du faux?
Quand allez-vous cesser l'abus du pouvoir ?
Quand allez-vous cesser de peindre tout en noir?
Où allez-vous avec les manchettes, couteaux, haches
En mains ? Quand allez-vous cesser d'inciter à la haine ?
Quand allez-vous cesser de prendre vos semblables pour tous
Vos malheurs? Ô, les hommes de Dieu quand allez-vous
Multiplier les bonnes prières pour sauver votre patrie?

M. Le president, M. Le ministre, hommes de justice, civils,

Quand allez-vous laisser rentrer la paix ?

Ô, camerounais, camerounaises quand allez-vous vous entendre ?

Quand allez-vous vous pardonner ? Quand allez-vous dialoguer

Pour arrêter cette descente aux enfers ?

Quand allez-vous améliorer les routes,

Les hôpitaux, les écoles ? Quand allez-vous cesser

La surfacturation ? Quand allez-vous arrêter le favoritisme ?

Quand allez-vous égaliser les chances pour tous?

Quand allez-vous cesser d'insulter vos dirigeants ?

Quand cesseront la diffamation, et la jalousie ?

Quand allez-vous cesser d'influencer la justice ?

Quand allez-vous arrêter de commettre les meurtres ?

Quand allez-vous cesser de piétiner les droits et les lois?

Quand allez-vous cesser les braquages ?

Quand les innocents sortiront de canisole ?

Quand tout le monde Cessera-t-il de jouer au sabitout?

Quand allez-vous cesser d'influencer la justice ?

Vous offensez et vous êtes le premier à dire

Mon père est tel, mon oncle est tel et toi tu es qui?

Quand les menuisiers vont-ils arrêter de fabriquer des cercueils ?

Quand allez-vous laisser rentrer l'amour que vous avez

Mis à la porte ? Quand arrivera la justice pour rétablir

Un nouvel ordre ? Jusqu'à quand les chiens cesseront

De mordre? Quand cessera la paresse ? Quand va cesser
La misère ? Quand allez-vous changer ? Quand allez-vous
Apprendre la tolérance ? Quand allez-vous apprendre
À vous aimer comme des êtres humains ?
Quand allez-vous vous entendre dans
Vos propres familles ?
Quand allez-vous soigner ces parapilles?
Quand allez-vous cesser de bloquer le développement ?
Quand allez-vous arrêter de faire souffrir vos frères et sœurs
Que vous prétendez défendre ? Quand allez-vous rendre
Compte que c'est tout le monde qui fait problème et que chacun
Doit changer ses mauvaises habitudes ?
Quand allez-vous cesser de mentir et de manipuler ?
Quand allez-vous cesser d'escroquer vos frères et sœurs ?
Jusqu'à quand s'arrêteront tous ces fléaux infernaux ?
La corruption au nord ! La corruption au Sud !
La corruption à l'Est! La corruption à l'ouest !
Chacun cherche à corrompre quand l'occasion
Se présente devant lui, ah, quel développement
Avec tout un peuple plongé dans la corruption ?
Chacun veut privilégier son frère du village, ah!
Comment condamner l'injustice, la corruption,
Le vol et le détournement alors qu'on le fait chaque
Jour? Est-ce vrai que les pays pauvres sont toujours

Sujets à la corruption, à l'injustice et à des luttes inutiles?

Ô, les enfants d'une même famille ! Ô, les enfants

Des mêmes ancêtres, revenez sur la table

Et purgez tous les maux qui vous rongent le ventre !

Faites-le pour l'amour de Dieu et de celui de la postérité!

Vous avez assez fait des dégâts, vous avez perdu autant

Des vies, vous avez commis autant d'injustice arrêter tout

Celà ! Le monde est en concurrence, vous êtes déjà

Resté trop en arrière à cause de tous ces fléaux !

L'histoire vous rattrapera si vous n'arrêtez pas cette bêtise

La future génération va boire le noir, elle va croquer les

Cailloux ! Quand allez-vous cesser d'encourager les dérives

De la jeune génération ? Quand allez-vous cesser de polluer

Les réseaux sociaux avec des injures ?

Quand allez-vous épargner l'indécence sur des plateaux ?

Quand allez-vous censurer ces artistes pervers ?

Quand allez-vous soigner cette société qui se délite?

Quand la décence reviendra-t-il dans la société ?

Quand allez-vous cesser d'ériger les antimodèles en modèle ?

Quand allez-vous cesser la perversité dans vos chansons ?

Quand allez-vous cesser de porter les nus vêtements?

Pour quel avenir jeune génération camerounaise ?

Vous avez assez des problèmes, tout le monde pose problème

Et les vieillards, et les jeunes et mêmes les futurs nés!

Revenez à la base et constater l'échec collectif !

Revenez sur terre et prenez un nouvel élan !

Revenez à la source et ressourcez-vous !

Revenez et apprenez les bonnes manières !

Avec cette allure, l'avenir sera mille fois sombre !

Faites gaffe à la modernité, faîte gaffe à la chose

De l'autre côté des océans! Changez pour changer le visage

Pâle et froissé de votre nation voire de votre continent !

Chaque société a certaines de ses valeurs et ses habitudes

Qu'il faut préserver Si l'on souhaite aller loin!

Au-delà de tout, vous êtes des braves

Vous êtes un peuple intelligent

Vous êtes un peuple assidu au travail

Vous êtes un peuple expert en tout

Vous êtes l'une des rares nations en Afrique

Qui regorgent autant de richesses

Vous avez un sous-sol riche

Vous avez des grands médecins

Vous avez des grands architectes

Vous avez des grands journalistes

Vous avez des grands juristes

Des grands politiciens !

Vous avez des enseignants de renom

Vous avez des grands économistes

Vous avez des grands écrivains

Vous avez des grands cultivateurs

Des grands cultivateurs !

Vous avez des génies

Vous avez des grands Footballeurd

Vous avez des grands boxeurs

Vous avez des grands hommes d'affaires

Vous avez des grands opérateurs économiques

Vous avez une jeunesse forte

Vous avez une armée forte!

Vous avez tout, tout vous avez !

Vous êtes un peuple fort

Arrêtez les guerres! Arrêtez les guerres

Arrêtez les mauvaises actions et exploiter

Ces atouts au profit de votre patrie !

C'est un grand danger pour une nation,
Dès lors que tous ses citoyens commencent à
S'intéresser à la politique politicienne.
Méfions-nous de la politique politicienne
Ayons de l'amour pour notre patrie
Cultivons la paix et la justice sociale
Cultivons le respect et l'amour
Cultivons l'esprit du partage
Cultivons l'esprit de tolérance
Cultivons l'esprit du vivre ensemble
Et garantissons l'intégration nationale
Et préservons l'unité nationale
Cultivons l'esprit d'honnêteté
Oublions tous les maux que certains
Nous aurons causés
Après la pluie vient le beau temps
Cultivons l'esprit du dialogue
Jetons les armes, nous avons les mêmes problèmes
Rattrapons le retard enregistré
Nous sommes un peuple uni et fort!
L'Afrique a besoin de nous !

Printed by Books on Demand GmbH, Norderstedt / Germany